から揚げっ! 照り焼きっ! ハンバーグッ!

み〜んな大好き。元気おかず。

市瀬悦子

私も夫も大好きなメニューに挙げられるのが、
から揚げっ！ 照り焼きっ！ ハンバーグッ！
それぞれ基本の王道レシピがありつつも、
ちょっとずつ材料を替え、味つけを替えて
炊き立てのホカホカご飯とともに毎回楽しんでいます。

そんなわけで長年よく作っているメニューの
から揚げっ！ 照り焼きっ！ ハンバーグッ！
この定番メニューを
さらに皆さんがおいしく作れるように
たくさんのコツをお伝えできたら！
そして繰り返し作っても飽きない
おいしいバリエーションをご紹介できたら！
そんな思いから、この本が実現しました。

定番最高！ 悩んだときは定番メニュー！
おいしいから揚げっ！ 照り焼きっ！ ハンバーグッ！を
一緒に作りましょう。

毎日のご飯作りのお役に立ちますように。

市瀬悦子

【もくじ】

から揚げっ！

照り焼きっ！

ハンバーグッ！

添えたらおいしいサイドメニュー!!

料理を始める前に

＊小さじ 1 は 5㎖、大さじ 1 は 15㎖です。

＊ごく少量の調味料の分量は「少々」または「ひとつまみ」としています。「少々」は親指と人差し指でつまんだ分量で、「ひとつまみ」は親指と人差し指と中指の 3 本でつまんだ分量になります。

＊「適量」はちょうどよい分量、「適宜」は好みで入れなくてもよいということです。

＊電子レンジの加熱時間は 600W のものを使用した場合の目安です。500W なら 1.2 倍を目安に、時間を調整してください。

＊野菜類は特に指定のない場合は、洗う、むくなどの作業をすませてからの手順を説明しています。

＊調味料類は特に指定していない場合は、しょうゆは濃口しょうゆ、砂糖は上白糖、酢は米酢、こしょうは白こしょう、黒こしょうを好みで使ってください。

から揚げっ！

"鶏もも肉"で サクッとから揚げ

サクッとカリッと、噛めばアツアツの肉汁！
にんにくしょうゆの下味で食欲倍増、ご飯もモリモリ進みます。

【材料】 2人分

鶏もも肉…大1枚(300g)
下味
　しょうゆ…大さじ1
　酒…大さじ1
　おろしにんにく…1/2片分
　塩…ひとつまみ

片栗粉…大さじ4
薄力粉…大さじ2
揚げ油…適量
カットレモン…適量

【作り方】

1 漬け込む

鶏肉は余分な脂と筋を取り除き(**a**)、大きめのひと口大(約8等分)に切る(**b**)。ボウルに下味の材料を混ぜ、鶏肉を加えて20回もみ込み(**c**)、室温に20分ほど置く(**d**)。

 ＊ もみ込むことで、味が染み込みやすくなる。
　＊ 10分と20分とでは味の染み込みが違う！ 断然20分がおすすめ。

2 衣をつける

バットに片栗粉と薄力粉を混ぜ合わせる。鶏肉の皮をのばしてひと切れずつしっかりとまぶす(**e**、**f**)。

 ＊ 皮が寄っている状態で揚げてしまうと、カリッと仕上がらないのでのばす。
　＊ 粉は肉の周りについた下味を吸うことでよくつくのでしっかりと手で押さえて粉をまぶす。

3 揚げる

鍋に揚げ油を4cmほど注いで170℃に熱する。鶏肉の皮目を下にしてひと切れずつ入れ(**h**)、ときどき返しながら3分揚げる。強火にしてさらに1分30秒ほど揚げ、油をきる。器に盛り、レモンを添える。

 ＊ 170℃の目安は油に入れた菜箸からすぐに細かい泡がシューッと出る状態(**g**)。
　＊ 初めはすぐに触らず、衣がかたまってから返す。
　＊ 強火にしたら空気に触れさせるようにして揚げると(**i**)、余分な水分が飛んで中はジューシーに、衣はサクッとする。

"鶏むね肉"で

フワッ

卵入りの衣で肉汁を閉じ込めたから揚げはふんわりやわらか。
しょうがの風味が効いてお弁当にも大喜びされる一品です。

とから揚げ

【材料】 2人分

鶏むね肉…1枚(250g)　　　溶き卵…1/2個分

下味　　　　　　　　　　片栗粉…大さじ3

　しょうゆ…小さじ2　　　薄力粉…大さじ2

　酒…大さじ1/2　　　　　揚げ油…適量

　しょうが汁…大さじ1

　塩…小さじ1/4

【作り方】

1 漬ける

鶏肉は皮と余分な脂を取り除き(**a**)、大きめのひと口大(約8等分)にそぎ切りにする(**b**)。ボウルに下味の材料を混ぜ、鶏肉を加えて20回もみ込み(**c**)、室温に20分ほど置く。

 ＊もみ込むことで、味が染み込みやすくなる。
＊10分と20分とでは味の染み込みが違う！ 断然20分がおすすめ。

2 衣をつける

鶏肉のボウルに溶き卵を加えて混ぜ(**d**)、さらに片栗粉と薄力粉を加えて混ぜ合わせ、バッター液状にする(**e**)。

 ＊ねっとりとしたバッター液状の衣を絡めてコーティングすることで、肉がかたくならずにフワッとやわらかく揚がる。

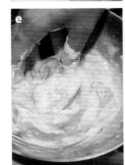

3 揚げる

鍋に揚げ油を4cmほど注いで170℃に熱する。鶏肉に衣を絡めながらひと切れずつ入れ(**f**、**g**)、ときどき返しながら3分揚げる。強火にしてさらに1分30秒ほど揚げ、油をきって器に盛る。

 ＊170℃の目安は油に入れた菜箸からすぐに細かい泡がシューッと出る状態。
＊初めはすぐに触らず、衣がかたまってから返す。
＊強火にしたら空気に触れさせるようにして揚げると(**h**)、余分な水分が飛んで中はフワッとやわらかく、衣はサクッとする。

"サクッとから揚げ"で オランダ煮

多めに作ったら翌日も楽しめるレシピです。
甘じょっぱい煮汁が衣に染み込んでお弁当にもおすすめ。

【材料】 2人分

サクッとから揚げ(8ページ)…全量
ピーマン…4個
A
　赤唐辛子の小口切り…1/2本分
　だし汁…1カップ
　みりん…大さじ2
　しょうゆ…大さじ1
サラダ油…大さじ1

【作り方】

1　ピーマンは縦半分に切ってヘタと種を取り除く。

2　鍋にサラダ油を強めの中火で熱し、しんなりとするまで1のピーマンを揚げ焼きにする。

3　ピーマンを端に寄せ、鍋の余分な油をペーパータオルでふき取る。Aを加えて混ぜ、中火にかける。煮立ったらから揚げを加え、弱めの中火でさっと煮る。

【材料】 2 人分

フワッとから揚げ(10 ページ)…6 個
A
│ ポン酢しょうゆ…大さじ1
│ 砂糖…大さじ 1/2
B
│ バター…15g(室温に戻す)
│ 練りからし…小さじ 1/3
食パン(6 枚切り)…4 枚
サラダ菜…1 個
マヨネーズ…適量
焼きのり…1 枚

【作り方】

1 ボウルに A を混ぜ、から揚げを加えて絡める。

2 B を混ぜ、食パンを 2 枚 1 組にして内側になる面に塗る。

3 食パン 2 枚に半分に切った焼きのり、**1** のから揚げ、マヨネーズ、サラダ菜を順にのせ、残りの食パンを重ねる。ワックスペーパーで包んで半分に切る。

 コツ ＊ から揚げはひと切れを半分に切って両端にのせると食パンに均等にのせられる。切る際は切っていないから揚げのところで半分にすると断面がきれい。

"フワッとから揚げ"で サンドイッチ

から揚げは一度ポン酢に漬けてからサンドするとおいしくなります!
焼きのりの香りも効いて
和風の味わいが楽しめます。

から揚げ

塩レモンペッパーから揚げ

レモンの酸味と香りでさっぱりといただけます。
追いレモンをたっぷり搾って
チリチリに揚げたパセリと一緒に味わって。

【材料】 2人分

鶏もも肉…大1枚(300g)
下味
| 酒…大さじ1
| 塩…小さじ2/3
| こしょう…小さじ1/4
| レモン果汁…大さじ1
| レモンの皮(国産)
|　　…1/2個(すりおろす)
片栗粉…大さじ4
薄力粉…大さじ2
揚げ油…適量
パセリ…1枝
カットレモン…適量

【作り方】

1　鶏肉は余分な脂と筋を取り除き、大きめのひと口大(約8等分)に切る。

2　ボウルに下味の材料を混ぜ、鶏肉を加えて20回もみ込み、室温に20分ほど置く。

3　バットに片栗粉と薄力粉を混ぜ合わせる。鶏肉の皮をのばしてひと切れずつしっかりとまぶす。

4　鍋に揚げ油を4cmほど注いで170℃に熱する。パセリの水気をペーパータオルなどに挟んでしっかりふき取る。揚げ油に入れ、葉がチリッとするまで10秒ほど揚げて油をきる。

5　同じ油に粉をまぶした鶏肉を皮目を下にしてひと切れずつ入れる。ときどき返しながら3分、強火にしてさらに1分30秒ほど揚げ、油をきる。器に盛り、揚げたパセリ、レモンを添える。

 ＊レモンは香りが飛びやすいので、レモン果汁だけでなく、皮を混ぜ込むと香りよく作れる。

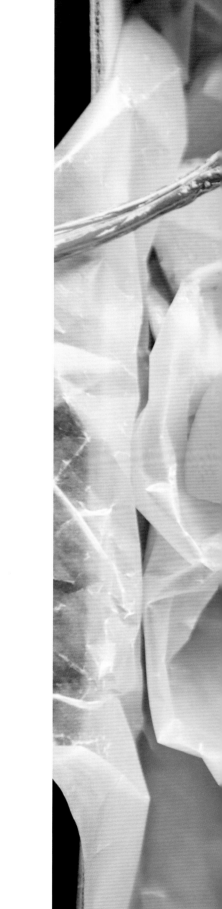

から揚げ

ラム のスパイスから揚げ

ラム肉の食感とカレーの香りでひと味違ったレシピに。
紫玉ねぎとパクチーはたっぷり添えると、おいしいです！
ラム肉の代わりに豚肉の薄切り肉で作っても。

【材料】 2人分

ラム薄切り肉…200g

下味

| しょうゆ…小さじ2
| 赤ワイン…大さじ2
| カレー粉…小さじ1/2
| クミンパウダー…小さじ1
| 塩…ひとつまみ

片栗粉…適量

揚げ油…適量

紫玉ねぎ…適量（薄切にする）

パクチー…適量（ざく切りにする）

塩…少々

【作り方】

1　ボウルに下味の材料を混ぜ、ラム肉を加えて20回もみ込み、室温に20分ほど置く。

2　片栗粉をバットに広げ、**1**のラム肉に1枚ずつしっかりとまぶす。

3　鍋に揚げ油を4cmほど注いで170℃に熱する。粉をまぶしたラム肉を1枚ずつ入れる。ときどき返しながら3分、強火にしてさらに1分30秒ほど揚げ、油をきる。

4　紫玉ねぎ、パクチーとともにざっくり混ぜながら器に盛り、塩をふる。

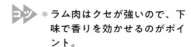 ＊ラム肉はクセが強いので、下味で香りを効かせるのがポイント。

から揚げ

豚肉の ソースから揚げ

【材料】 2人分

豚ロース薄切り肉
　…10 〜 12 枚(200g)

下味
　ウスターソース…大さじ2
　おろしにんにく…1/2 片分
　塩…ひとつまみ

片栗粉…適量

揚げ油…適量

粗挽き黒こしょう…適量

青のり…適量

練りからし…適量

【作り方】

1　バットに下味の材料を混ぜ、豚肉を加えて絡め(a)、室温に20分ほど置く。

2　豚肉を3つ折りにし(b)、ひと切れずつにバットに広げた片栗粉をしっかりとまぶす。

3　鍋に揚げ油を4cmほど注いで170℃に熱する。粉をまぶした豚肉をひと切れずつ入れる。ときどき返しながら3分、強火にしてさらに1分ほど揚げ、油をきる。

4　器に盛り、粗挽き黒こしょうと青のりをふり、練りからしを添える。

 ＊下味はソースだけだと少し物足りないので、塩ひとつまみを加えるのがポイント。

ウスターソースはいろんなスパイス、調味料が入っているので
から揚げの下味にももってこいです。
仕上げの青のりが、どこかホッとするアクセントに。

ささみの
サワチリナンプラーから揚げ

ナンプラーの風味が香るささみのエスニック風から揚げ。
パサつきがちなささみも中はしっとり、衣はサクッとした揚げ上がりです。

【材料】 2人分

鶏ささみ…4本(200g)

下味
┃ ナンプラー…大さじ1
┃ 酒…大さじ1/2
┃ おろしにんにく…1/3片分

溶き卵…1個分

薄力粉…大さじ3

片栗粉…適量

揚げ油…適量

スイートチリソース…適量

サワークリーム…適量

【作り方】

1 ささみは筋を取り除き、縦半分に切る。

2 ボウルに下味の材料を混ぜ、ささみを加えて20回もみ込み、室温に20分ほど置く。

3 **2**のボウルに溶き卵と薄力粉を加えて混ぜ、バッター液状にする。

4 バットに片栗粉を広げ、**3**のささみの1本ずつにしっかりとまぶす。

5 鍋に揚げ油を4cmほど注いで180℃に熱する。粉をまぶしたささみをひと切れずつ入れる。ときどき返しながら3分、強火にしてさらに1分ほど揚げ、油をきる。

6 器に盛ってサワークリームを添え、スイートチリソースをかける。

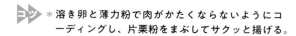 ＊溶き卵と薄力粉で肉がかたくならないようにコーティングし、片栗粉をまぶしてサクッと揚げる。

鶏スペアリブの タンドリーから揚げ

【材料】 2人分

鶏スペアリブ(手羽中ハーフ)
　　…16 本(300g)
下味
　プレーンヨーグルト(無糖)
　　…大さじ 3
　トマトケチャップ…大さじ 1
　カレー粉…小さじ 2
　おろしにんにく…1/2 片分
　塩…小さじ 3/4
　粗挽き黒こしょう…小さじ 1/4
溶き卵…1 個分
薄力粉…大さじ 5
片栗粉…適量
揚げ油…適量
カットライム…適量

骨つき肉は衣はカリカリ、しかもジューシー。
みんなが大好きなカレー味は
お弁当やおつまみにも喜ばれます。

【作り方】

1 ボウルに下味の材料を混ぜ、スペアリブを加えてもみ込み、室温に 20 分ほど置く。

2 **1** のボウルに溶き卵と薄力粉を加えて混ぜ、バッター液状にして **1** のスペアリブに絡める。

3 バットに片栗粉を広げ、スペアリブの 1 本ずつにしっかりとまぶす。

4 鍋に揚げ油を 4cm ほど注いで 160℃ に熱する。粉をまぶしたスペアリブを 1 本ずつ入れる。ときどき返しながら 5 分、強火にしてさらに 1 分ほど揚げ、油をきる。器に盛り、ライムを添える。

コツ ＊下味がしっかりついていて焦げやすいので、やや低めの温度で少し長めに揚げる。

から揚げ

ここからはたれづけから揚げっ!!

濃厚でトロリとした肉質の手羽先は、
揚げたあとに甘辛たれを絡めるとおいしさ倍増。
白ごまと黒こしょうをたっぷりとふってどうぞ。

甘辛ごま鶏手羽揚げ

【材料】 2人分

鶏手羽先…8本(450g)
塩…小さじ 1/4
こしょう…少々
片栗粉…適量
たれ
│ しょうゆ…大さじ1と 1/2
│ 砂糖…大さじ1と 1/2
│ はちみつ…大さじ 1/2
揚げ油…適量
白炒りごま…大さじ1
粗挽き黒こしょう…少々

【作り方】

1 手羽先は骨に沿って2本切り込みを入れ、塩とこしょうをふり、片栗粉を薄くまぶす。大きめのボウルにたれを混ぜておく。

2 フライパンに揚げ油を2cmほど注いで160℃に熱する。粉をまぶした手羽先を1本ずつ入れ、ときどき返しながら7分、強火にして2分ほど揚げ、油をきる。

3 熱いうちにたれの入ったボウルに手羽先を加え、照りが出るまで絡める。器に盛り、白ごま、粗挽き黒胡椒をふる。

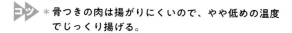

＊骨つきの肉は揚がりにくいので、やや低めの温度でじっくり揚げる。

から揚げ

おろしにんにくが効いたたれは食欲も増します。
見た目ほど辛くなので、辛いものが苦手な方にも。
甘い韓国チキンにシャキシャキの白髪ねぎがよく合います。

ヤンニョムチキン

【材料】 2人分

鶏もも肉…大1枚(300g)

下味
- 酒…大さじ1
- しょうゆ…小さじ1
- しょうが汁…小さじ1
- 塩…ひとつまみ

たれ
- コチュジャン…大さじ1
- 砂糖…大さじ1
- しょうゆ…小さじ1
- ごま油…大さじ1/2
- 酢…大さじ1/2
- おろしにんにく…少々

片栗粉…適量

揚げ油…適量

白髪ねぎ…適量

粉唐辛子…少々

【作り方】

1 鶏肉は余分な脂と筋を取り除き、大きめのひと口大(約8等分)に切る。

2 ボウルに下味の材料を混ぜ、鶏肉を加えて20回もみ込み、室温に20分ほど置く。別の大きめのボウルにたれを混ぜておく。

3 バットに片栗粉を広げ、鶏肉のひと切れずつにしっかりとまぶす。

4 鍋に揚げ油を4cmほど注いで170℃に熱する。粉をまぶした鶏肉を皮目を下にしてひと切れずつ入れる。ときどき返しながら3分、強火にしてさらに1分30秒ほど揚げ、油をきる。

5 たれの入ったボウルに加え、照りが出るまで絡める。器に盛り、白髪ねぎをのせ、粉唐辛子をふる。

から揚げ

【材料】 2人分

鶏もも肉…大1枚(300g)

下味
| 酒…大さじ2
| 塩…小さじ1/4

たれ
| しょうゆ…大さじ1
| 酢…大さじ1
| 砂糖…大さじ1
| ごま油…小さじ1
| 長ねぎのみじん切り…1/4本分
| しょうがのみじん切り
| 　…1/2片分

片栗粉…適量

揚げ油…適量

パクチー…適量(ざく切りにする)

【作り方】

1 鶏肉は余分な脂と筋を取り除く。

2 ボウルに下味の材料を混ぜ、鶏肉を加えて20回もみ込み、室温に20分ほど置く。たれを混ぜておく。

3 鶏肉の皮をのばして片栗粉を表裏にしっかりとまぶす。

4 鍋に揚げ油を4cmほど注いで170℃に熱する。粉をまぶした鶏肉を皮目を下にして入れる。1～2度返しながら6分、強火にしてさらに1分ほど揚げ、油をきる。

5 食べやすい大きさに切って器に盛り、たれを回しかけてパクチーをのせる。

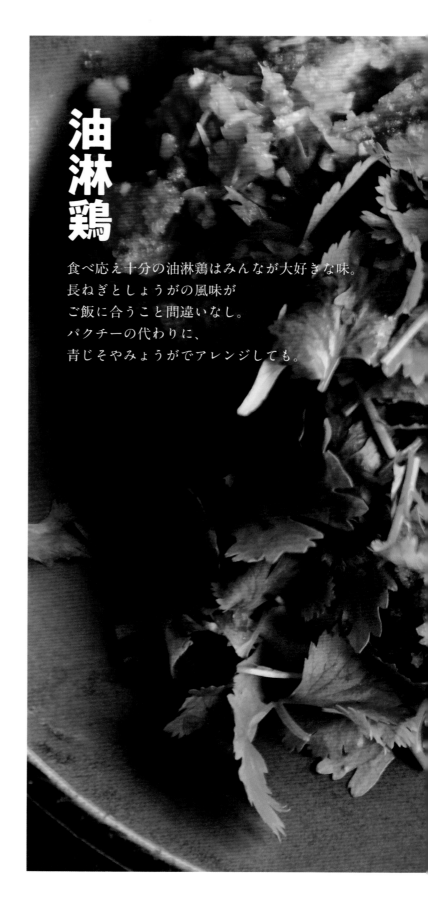

油淋鶏

食べ応え十分の油淋鶏はみんなが大好きな味。
長ねぎとしょうがの風味が
ご飯に合うこと間違いなし。
パクチーの代わりに、
青じそやみょうがでアレンジしても。

から揚げ

チキン南蛮

しっとりとやわらかく揚がったから揚げに
タルタルソースをたっぷり添えて。
キャベツのせん切り、タルタルソースとともに
サンドイッチにしても。

【材料】 2人分

鶏むね肉…大1枚(300g)

塩…小さじ1/2

こしょう…少々

薄力粉…適量

溶き卵…1個分

たれ

　しょうゆ…大さじ1と1/2

　酢…大さじ1と1/2

　砂糖…大さじ1と1/2

タルタルソース

　茹で卵の粗みじん切り…1個分

　玉ねぎのみじん切り…1/8個分

　マヨネーズ…大さじ3

　レモン果汁…小さじ1/2

　塩…少々

　こしょう…少々

揚げ油…適量

キャベツのせん切り…適量

【作り方】

1　鶏肉は皮と余分な脂を取り除く。厚みを両側に開き(a)、塩とこ
しょうをふり、薄力粉を薄くまぶす。バットにたれを混ぜる。
タルタルソースの材料もボウルに混ぜ合わせておく。

2　フライパンに揚げ油を2cmほど注いで170℃に熱する。1の鶏
肉を溶き卵にくぐらせ、油に入れる。ときどき返しながら4分、
強火にしてさらに1～2分揚げ(b)、油をきる。熱いうちにた
れのバットに加え、たれを絡める。

3　器にキャベツを盛り、食べやすい大きさに切った2をのせる。
残ったたれもかけ、タルタルソースを添える。

 ＊卵の衣はつきづらいので、絡めたらすぐに油に入れて揚げる。大きく開いているのでフライパンで揚げるのがおすすめ。

から揚げ

オイスターたれ漬けから揚げ

レシピ・34 ページ ▶

バッファローチキン

レシピ・35 ページ▶

から揚げ

オイスターたれ漬け から揚げ

【材料】 2人分

鶏むね肉…大1枚(300g)
パプリカ(赤)…1個
下味
　しょうゆ…小さじ1
　酒…小さじ1

たれ
　オイスターソース…大さじ1と1/2
　しょうゆ…大さじ1/2
　酢…大さじ1/2
　砂糖…大さじ1と1/2
片栗粉…適量
揚げ油…適量
白炒りごま…大さじ1/2

【作り方】

1 鶏肉は皮と余分な脂を取り除き、ひと口大(約10等分)にそぎ切りにする。

2 ボウルに下味の材料を混ぜ、鶏肉を加えて20回もみ込み、室温に20分ほど置く。

3 パプリカはヘタと種を取り除き、ひと口大に切る。大きめのボウルにたれを混ぜておく。

4 片栗粉をバットに広げ、**2**の鶏肉ひと切れずつにしっかりとまぶす。

5 鍋に揚げ油を4cmほど注いで170℃に熱する。パプリカを入れてさっと揚げ、油をきる。

6 同じ油に粉をまぶした鶏肉をひと切れずつ入れる。ときどき返しながら3分、強火にしてさらに1分ほど揚げ、油をきる。

7 たれのボウルに揚げた鶏肉とパプリカを加え、全体にたれが絡むまでよく和える。白ごまを加え、さっと混ぜて器に盛る。

アメリカンチャイニーズを
思わせるような濃厚なから揚げです。
子どもも大好き、ビールのおともにもぴったり。

【材料】 2人分

鶏スペアリブ（手羽中ハーフ）
　　…16本（300g）

たれ
　トマトケチャップ…大さじ3と1/2
　白ワインビネガー…小さじ2
　はちみつ…大さじ1と1/2
　タバスコ…大さじ1/2
　粗挽き黒こしょう…小さじ1/3
　バター…20g
　おろしにんにく…少々

ソース
　プレーンヨーグルト（無糖）
　　…大さじ4
　オリーブオイル…大さじ1/2
　塩…小さじ1/4

片栗粉…適量

揚げ油…適量

パプリカパウダー…少々

【作り方】

1　スペアリブは片栗粉を薄くまぶす。

2　鍋に揚げ油を4cmほど注いで160℃に熱する。粉をまぶしたスペアリブを1本ずつ入れる。ときどき返しながら6分、強火にしてさらに2分ほど揚げ、油をきる。

3　フライパンにたれを入れて混ぜ、強めの中火にかける。バターが溶けて煮立ったら揚げたスペアリブを加えて絡め、ひと煮立ちさせる。

4　器に盛り、小皿にソースを入れてざっと混ぜて添え、パプリカパウダーをふる。

コツ ＊骨つき肉なので、低めの温度で中までじっくりと火を通す。

ヨーグルトの酸味で爽やかにいただけます。
はちみつのコクのある甘みと
タバスコのピリッとした辛さが
クセになるおいしさ。

バッファローチキン

から揚げ

肉厚なさばは食べ応え十分！　お弁当にも。

さばの
からししょうゆ
から揚げ

【材料】　2人分

さば（半身）　　　　　　　片栗粉…適量
　…小2切れ（正味250g）　揚げ油…適量
れんこん…100g　　　　　すだち…適量
下味
　しょうゆ…大さじ1
　酒…大さじ1
　練りからし…大さじ1
　おろしにんにく…1/2片分
　塩…ひとつまみ

【作り方】

1　さばは骨を抜き、2cm幅のそぎ切りにする。れんこんは皮をむき、1cm幅の半月切りにする。バットに下味の材料を混ぜてさばを加えて絡め、室温に10分ほど置く。

2　バットに片栗粉を広げ、さばのひと切れずつに片栗粉をしっかりとまぶす。

3　鍋に揚げ油を4cmほど注いで170℃に熱する。れんこんを入れて2分ほど揚げ、油をきる。

4　同じ油に粉をまぶしたさばを入れ、ときどき返しながら3分30秒ほど揚げ、油をきる。れんこんとともに器に盛り、半分に切ったすだちを添える。

【材料】　2人分

高野豆腐…2枚　　　　　　溶き卵…1個分
下味　　　　　　　　　　　片栗粉…大さじ4
　水…大さじ1　　　　　　薄力粉…大さじ3
　しょうゆ…大さじ1　　　黒炒りごま…大さじ1
　酒…大さじ1と1/2　　　揚げ油…適量
　しょうが汁…小さじ1
　おろしにんにく…小さじ1/2
　鶏ガラスープの素
　　…小さじ1/2
　こしょう…少々

【作り方】

1　高野豆腐はたっぷりの水に15分ほど浸して戻す。1枚を6等分に手でちぎり、水気をギュッと絞る。

2　ボウルに下味の材料を混ぜ、鶏ガラスープの素を溶かしておく。高野豆腐を加え、汁気をすべて吸わせる。

3　溶き卵、片栗粉、薄力粉、黒ごまを加えて混ぜ、ねっとりとしたバッター液状にする。

4　鍋に揚げ油を4cmほど注いで170℃に熱し、3の衣を絡めながらひと切れずつ入れて揚げる。ときどき返しながら3分、強火にしてさらに1分30秒ほど揚げ、油をきる。

ダシが効いて、お肉みたいな満足感！

高野豆腐の
黒ごまから揚げ

ホクホクで甘いにんじんに
カレーの風味をプラス！

にんじんの
カレーしょうゆ
から揚げ

【材料】 2人分

にんじん…2本(300g)	カレー粉…小さじ1
下味	薄力粉…大さじ3
┃しょうゆ…大さじ2	片栗粉…適量
┃おろしにんにく	揚げ油…適量
┃　…1/2片分	塩…少々

【作り方】

1　にんじんは皮をむいて半分の長さに切り、1cm角の棒状に切る。

2　ボウルに下味の材料を混ぜ、カレー粉と薄力粉も加えて混ぜ、ねっとりとしたバッター液状にする。

3　バットに片栗粉を広げ、にんじんの1本ずつにしっかりとまぶす。

4　鍋に揚げ油を4cmほど注いで160℃に熱する。粉をまぶしたにんじんを1本ずつ入れる。ときどき返しながら5分、強火にしてさらに1〜1分30秒揚げ、油をきる。器に盛り、塩をふる。

照り焼きっ！

照り焼きチキン

甘辛こってりの照り焼きチキン。
皮目を中心に火を通すことで、
やわらかくジューシーに焼き上げます。

【材料】 2人分

鶏もも肉…小2枚(400g)

たれ

しょうゆ…大さじ2

みりん…大さじ2

酒…大さじ1　　　　サラダ油…小さじ2

砂糖…大さじ1　　　マッシュポテト (92ページ)…適量

【作り方】

1 下ごしらえする

鶏肉は余分な脂と筋を取り除き（**a**）、あれば余分な皮も切り落とす（**b**）。たれを混ぜておく（**c**）。

2 焼く

フライパンにサラダ油を中火で熱し、鶏肉の皮目を下にして入れる（**d**）。ときどきトングなどで押さえ（**e**）、出てきた脂をペーパータオルでふき取りながら（**f**）、まんべんなくこんがりと焼き色がついて肉のフチが少し白くなるまで5分ほど焼く。

 ＊鶏肉は凹んでいる部分があるので、そこを中心に押さえながら焼くとその部分もしっかりと焼ける。
＊出てきた脂をふき取りながら焼くことで臭みを取ることができる。またキッチンの油ハネも減る。
＊脂が出るのにサラダ油を使うのは、フライパンの温度をきちんと上げておくため。
＊皮目から焼いたほうが肉がかたくなりにくいので、皮目8割、肉の面2割のイメージで皮目を下にし、しっかりと焼き上げる。

3 蒸し焼きにする

裏返し（**g**）、蓋をして弱火で2分ほど蒸し焼きにする（**h**）。

 ＊たれを絡める際にも火が通るので、ここでは完全に火は通さない。
＊肉の面が下なので、肉がかたくなりにくいように弱火にする。

4 たれを絡める

フライパンの余分な脂をペーパータオルで再度ふき取り、たれを加えて強火にする（**i**）。皮目を中心に裏返しながら、照りが出るまで煮詰めて絡める（**j**）。食べやすい大きさに切って器に盛り、フライパンに残ったたれをかけてマッシュポテトを添える。

＊フライパンの油をふき取ることで、たれが絡まりやすくなる。

"照り焼きチキン"で

チョップドサラダ

【材料】 2人分

照り焼きチキン(40ページ)…1枚
レタス…5〜6枚
パクチー…2株
紫玉ねぎ…1/4個
モッツァレラチーズ…100g
ローストアーモンド…30g
ドレッシング
　オリーブオイル
　　…大さじ1と1/2
　しょうゆ…小さじ2
　レモン果汁…大さじ1
　おろし玉ねぎ…大さじ1
　塩…小さじ1/4

照り焼きチキンは
いろんなアレンジが可能！
サラダにしたり、サンドイッチにしても。
多めに焼いておくと重宝します。

【作り方】

1　照り焼きチキンはひと口大に切る。レタスは2cm幅に刻む。パクチーはざく切り、紫玉ねぎは横半分に切って縦薄切り、モッツァレラチーズは手でちぎる。

2　器に1とアーモンドを盛り、ドレッシングの材料を混ぜて回しかける。

【材料】 2人分
照り焼きチキン(40ページ)…2枚
温かいご飯…茶碗2杯分
刻みのり、小ねぎの小口切り、白炒りごま、練りわさび…各適量

【作り方】
1　照り焼きチキンは食べやすい大きさに切る。
2　器にご飯を盛り、刻みのりを広げて **1** の照り焼きチキンをのせる。小ねぎ、白ごまをふり、わさびを添える。

"照り焼きチキン"で

和風にも洋風にもアレンジできるのが
照り焼きチキンのよいところ。
ご飯だけ炊いておけば、簡単夜食に。

鶏照り丼

照り焼き

ハニーバルサミコチキン

甘酸っぱいたれで仕上げる照り焼きチキンです。
バルサミコの甘さと酸味が、ワインにも合う一品です。

【材料】 2人分

鶏もも肉…小2枚(400g)
たれ
  バルサミコ酢…大さじ3
  しょうゆ…大さじ1
  はちみつ…大さじ2
  おろしにんにく…少々
  塩…小さじ1/4
サラダ油…小さじ1
紫キャベツのマリネ(95ページ)
  …適量

【作り方】

1 鶏肉は余分な脂と筋を取り除き、あれば余分な皮も切り落とす。たれを混ぜておく。

2 フライパンにサラダ油を中火で熱し、鶏肉の皮目を下にして入れる。ときどきトングなどで押さえ、出てきた脂をペーパータオルでふき取りながら、まんべんなくこんがりと焼き色がついて肉のフチが少し白くなるまで5分ほど焼く。裏返し、蓋をして弱火で2分ほど蒸し焼きにする。

3 フライパンの余分な脂をペーパータオルでふき取り、たれを加えて強火にする。皮目を中心に裏返しながら、照りが出るまで煮詰めて絡める。器に盛り、紫キャベツのマリネを添える。

 ＊バルサミコ酢にははちみつの甘さがよく合う。

照り焼き

あっさりと塩味で仕上げる焼き鳥風照り焼きチキン。
長ねぎは焼き目をつけると香ばしくなります。
ご飯のおかずはもちろん、ビールのおとも、お弁当にも。

塩照りわさび焼き鳥

【材料】 2人分

鶏もも肉…大1枚(300g)
長ねぎ…小2本
たれ
   酒…大さじ1
   みりん…大さじ1
   おろしにんにく…少々
   塩…小さじ2/3
サラダ油…小さじ1
練りわさび…適量

【作り方】

1 鶏肉は余分な脂と筋を取り除き、あれば余分な皮も切り落とし、4cm角に切る。長ねぎは4cm幅に切る。たれを混ぜておく。

2 フライパンにサラダ油を中火で熱し、長ねぎを入れる。ときどき転がしながらこんがりとするまで焼き、一度取り出す。

3 同じフライパンに鶏肉の皮目を下にして入れ、こんがりと焼き色がつくまで5分ほど焼く。裏返し、蓋をして弱火で1分ほど蒸し焼きにする。

4 フライパンの余分な脂をペーパータオルでふき取り、長ねぎを戻し入れる。たれを加えて強火にし、照りが出るまで煮詰めて絡める。器に盛り、わさびを添える。

 ＊たれに甘さと塩味を効かせるのが、おいしく仕上げるポイント。

ゆずこしょう照り焼き

むね肉だからとってもあっさりとしていていくらでも食べられます。
ゆずがほんのり香り、みょうがと青じそですっきりとした味わいに。

【材料】 2人分

鶏むね肉…1枚(250g)
片栗粉…適量
たれ
 ┃ 酒…大さじ2
 ┃ みりん…大さじ1
 ┃ ゆずこしょう…小さじ2/3
 ┃ 塩…小さじ1/3
 ┃ 片栗粉…ひとつまみ
サラダ油…大さじ1/2
みょうが…2個
青じそ…5枚

【作り方】

1 鶏肉は皮と脂を取り除いて1.5cm厚さのそぎ切りにし、半分に切る。片栗粉を薄くまぶす。みょうがは薄い小口切り、青じそはせん切りにする。たれを混ぜておく。

2 フライパンにサラダ油を中火で熱し、鶏肉を入れる。2分ほど焼き、焼き色がついたら裏返して1分ほど焼く。

3 たれを加えて強火にし、照りととろみが出るまで煮詰めて絡める。器に盛り、みょうがと青じそをのせる。

コツ ＊鶏むね肉はかたくなりやすいが、片栗粉をまぶしてから焼くと、やわらかく焼き上がる。

照り焼き

鶏皮のプリッとした脂の食感がおいしいスペアリブ。
オイスターソースを加えたたれで中華風に仕上げます。
白髪ねぎとパクチーとも相性のよい一品です。

鶏スペアリブの オイスター照り焼き

【材料】 2人分

鶏スペアリブ(手羽中ハーフ)
　　…16本(300g)
にんにく…3片
たれ
　┃酒…大さじ2
　┃しょうゆ…小さじ1
　┃オイスターソース…小さじ2
　┃片栗粉…小さじ1/4
サラダ油…大さじ1/2
パクチー…適量(ざく切りにする)
白髪ねぎ…適量

【作り方】

1　にんにくは半分に切ってつ
　　ぶす。たれを混ぜておく。

2　フライパンにサラダ油とに
　　んにくを入れて中火で熱す
　　る。香りが出たら、スペア
　　リブの皮目を下にして入れ
　　る。5分ほど焼いてこんが
　　りと焼き色がついたら裏返
　　し、水大さじ1をふって蓋
　　をし、弱火で5分ほど蒸し
　　焼きにする。

3　フライパンの余分な脂をペ
　　ーパータオルでふき、たれ
　　を加えて強火にして照りが
　　出るまで煮詰めて絡める。

4　器に盛り、パクチーと白髪
　　ねぎを混ぜて添える。フラ
　　イパンに残ったたれをかけ、
　　にんにくも添える。

▶コツ ＊骨つき肉も水をふって蒸し焼
　　　きにすることで、中まで火が
　　　しっかりと通りやすくなる。

照り焼き

豚肉のジンジャーカレー
ウスター照り焼き

レシピ・52 ページ▶

ラム肉のハニーマスタード
オニオン照り焼き

レシピ・53 ページ ▶

照り焼き

豚肉のジンジャーカレー
ウスター照り焼き

お弁当おかずにおすすめの照り焼きです。
手軽な豚肉だからさっと焼いてでき上がり。
ご飯の進む一品です。

【材料】 2人分

豚ロースしょうが焼き用肉
　…8枚(250g)
たれ
　ウスターソース…大さじ1と1/2
　しょうゆ…大さじ1/2
　酒…大さじ1と1/2
　砂糖…大さじ1/2
　カレー粉…小さじ1
　おろししょうが…1片分
サラダ油…小さじ1
マカロニサラダ(94ページ)…適量
サニーレタス…適量

【作り方】

1　たれを混ぜておく。

2　フライパンにサラダ油を中火で熱し、豚肉を入れる。こんがりとするまで3分ほど焼き、裏返してさっと焼く。

3　フライパンの余分な脂をペーパータオルでふき取り、たれを加えて強火にし、照りが出るまで煮詰めて絡める。器に盛り、マカロニサラダ、サニーレタスを添える。

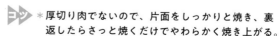 ＊厚切り肉でないので、片面をしっかりと焼き、裏返したらさっと焼くだけでやわらかく焼き上がる。

ラム肉のハニーマスタード オニオン照り焼き

玉ねぎとにんにくの香り、はちみつの甘いたれを
まとわせたラム肉はご馳走のひと皿。
特別な日に作れば、喜ばれること間違いなし。

【材料】 2人分

ラムチョップ…4 本(350g)
塩…小さじ 1/3
たれ
　しょうゆ…大さじ 1/2
　砂糖…大さじ 1
　はちみつ…大さじ 1/2
　おろし玉ねぎ…1/4 個分
　おろしにんにく…1/4 片分
サラダ油…大さじ 1/2
カリカリポテト(93 ページ)…適量

【作り方】

1 ラムチョップは塩をすり込む(写真)。たれを混ぜておく。

2 フライパンにサラダ油を中火で熱し、ラムチョップを入れる。トングなどで押さえながら焼き目をつける。2 分ほど焼いてこんがりとしたら裏返し、弱めの中火で 2 分ほど焼く。

3 フライパンの余分な脂をペーパータオルでふき取り、たれを加えて強火にし、照りが出るまで煮詰めて絡める。器に盛り、カリカリポテトを添える。

コツ ＊ラムチョップは焼き過ぎるとかたくなるので、火加減、時間に気をつける。

照り焼き

とんてき

【材料】 2人分
豚ロースとんかつ用肉
　…大2枚(300g)
薄力粉…適量
にんにく…2片
たれ
┌ トマトケチャップ…大さじ1
│ ウスターソース…小さじ2
│ みりん…大さじ1
│ しょうゆ…小さじ2
└ 粗挽き黒こしょう…少々
サラダ油…大さじ1/2
キャベツのせん切り…適量
マヨネーズ…適量

【作り方】
1　豚肉は筋を切り、薄力粉を薄くまぶす。にんにくは半分に切る。たれを混ぜておく。
2　フライパンにサラダ油とにんにくを入れて中火で熱する。香りが出たら、豚肉を入れる。こんがりとするまで3分ほど焼き、裏返して弱火で2〜3分焼く。
3　にんにくを取り出し、フライパンの余分な脂をペーパータオルでふき取り、たれを加えて中火にし、照りが出るまで煮詰めて絡める。
4　食べやすい大きさに切って器に盛り、キャベツ、マヨネーズを添える。フライパンに残ったたれをかけ、にんにくをのせる。

コツ ＊肉に薄力粉をまぶすことでやわらかく仕上がり、たれも絡みやすくなる。

とにかくお腹が空いて元気になりたいときに！
調味料もいたってシンプルなボリュームおかずです。
ほっくりとほどよく火が通ったにんにくもぜひ。

牛肉の山椒バター
しょうゆ照り焼き

【材料】 2人分

牛ステーキ用肉…2枚(240g)

塩…少々

たれ

　｜しょうゆ…大さじ1

　｜みりん…大さじ1

　｜砂糖…大さじ1/2

バター…15g

サラダ油…小さじ1

木の芽…適量

粉山椒…適量

【作り方】

1　牛肉は塩をふる。たれを混ぜておく。

2　フライパンにサラダ油を強めの中火で熱し、牛肉を入れる。こんがりとするまで1分30秒ほど焼き、裏返して同様に焼く。

3　フライパンの余分な脂をペーパータオルでふき取り、たれとバターを加えて照りが出るまで煮詰めて絡める。器に盛り、さらにバター(適宜)、木の芽をのせ、粉山椒をふる。

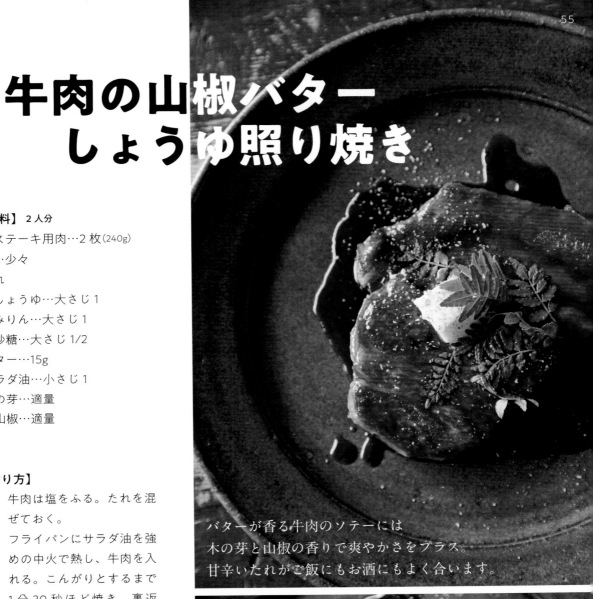

バターが香る牛肉のソテーには
木の芽と山椒の香りで爽やかさをプラス。
甘辛いたれがご飯にもお酒にもよく合います。

照り焼き

照り玉

チーズとしょうゆってすごく合う！
トロッとマイルドな黄身がよく絡まって、
ご飯にのせてもおいしい簡単レシピ。

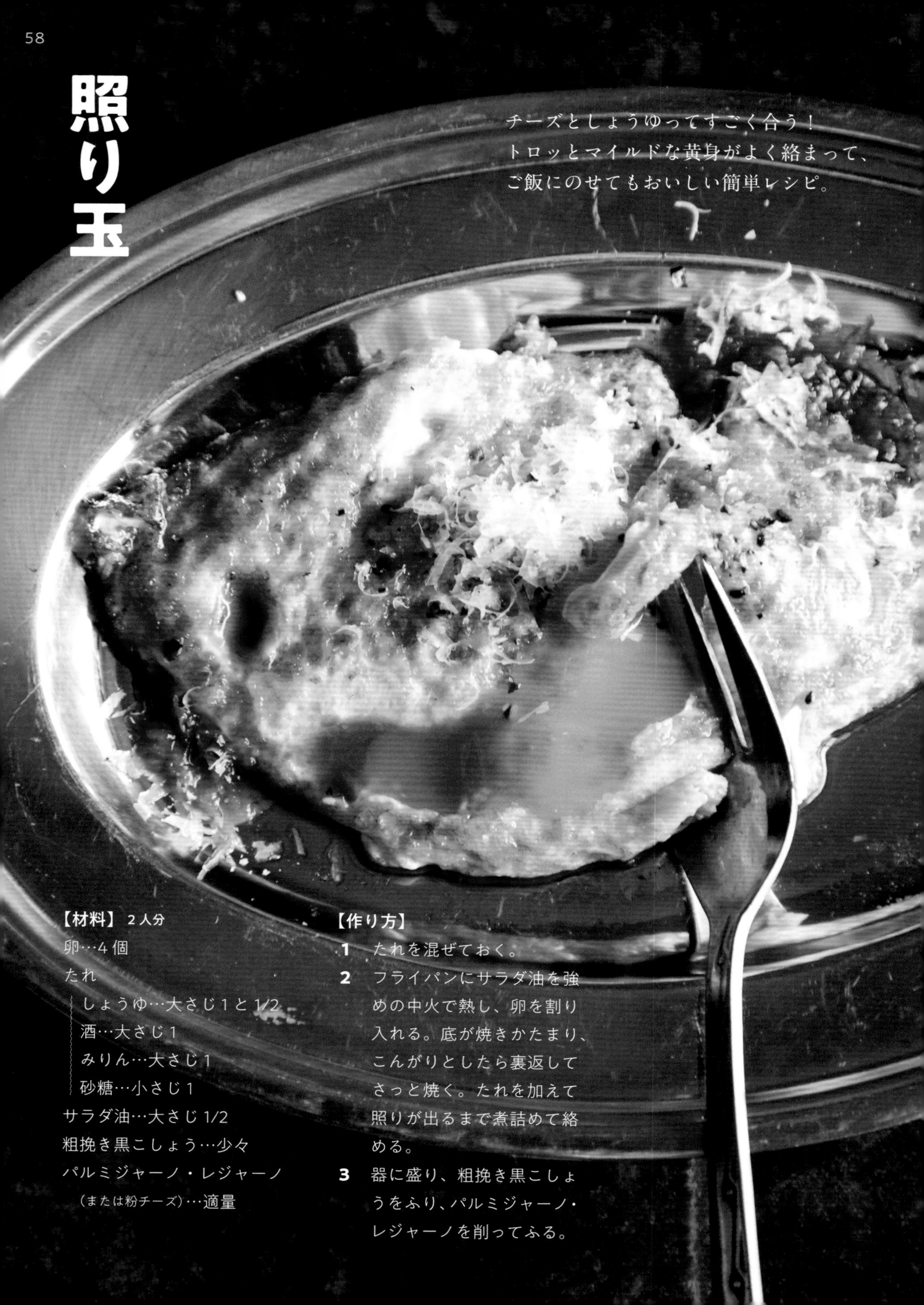

【材料】　2人分

卵…4個

たれ
　しょうゆ…大さじ1と1/2
　酒…大さじ1
　みりん…大さじ1
　砂糖…小さじ1

サラダ油…大さじ1/2

粗挽き黒こしょう…少々

パルミジャーノ・レジャーノ
　（または粉チーズ）…適量

【作り方】

1　たれを混ぜておく。

2　フライパンにサラダ油を強めの中火で熱し、卵を割り入れる。底が焼きかたまり、こんがりとしたら裏返してさっと焼く。たれを加えて照りが出るまで煮詰めて絡める。

3　器に盛り、粗挽き黒こしょうをふり、パルミジャーノ・レジャーノを削ってふる。

かじきのトマトビネガーバター照り焼き

魚料理もフライパンを使えば手軽に。
まろやかなバターにトマトの酸味を効かせた
ワインも進む一品です。

【材料】 2人分

かじき（切り身）…2切れ（250g）
塩…小さじ1/4
粗挽き黒こしょう…少々
薄力粉…適量
ミニトマト…12個
たれ
　酢…大さじ2
　砂糖…小さじ1
　塩…小さじ1/4
バター…15g
オリーブオイル…大さじ1/2

【作り方】

1　かじきは塩と粗挽き黒こしょうをふって薄力粉を薄くまぶす。たれを混ぜておく。

2　フライパンにオリーブオイルを中火で熱し、かじきを入れる。3分ほど焼いてこんがりとしたら裏返し、ミニトマトを加えて1分ほど焼く。

3　たれとバターを加え、強火で照りが出るまで煮詰めて絡める。

照り焼き

甘味噌で照り焼きに仕上げます！

鮭のピリ辛味噌
照り焼き

【材料】 2人分

鮭(切り身)… 2 切れ(200g) 　バター…10g
塩…小さじ 1/4 　　　　　　　サラダ油…小さじ 2
粗挽き黒こしょう…少々
スイートコーン(ホール)…1 缶
たれ
┊ みりん…大さじ 1 と 1/2
┊ 酒…大さじ 1 と 1/2
┊ 味噌…大さじ 1 と 1/2
┊ 豆板醤…小さじ 1/2
┊ おろしにんにく…少々

【作り方】

1 鮭は塩をふって 5 分ほど置く。ペーパータオルで水気をふき取り、粗挽き黒こしょうをふる。スイートコーンは缶汁をきる。たれを混ぜておく。

2 フライパンにサラダ油小さじ 1 を強めの中火で熱し、スイートコーンを炒める。バター、塩と粗挽き黒こしょう各少々 (ともに分量外) を加えてさっと炒めて取り出す。

3 フライパンをペーパータオルできれいにふき取り、サラダ油小さじ 1 を中火で熱し、鮭を入れる。3 分ほど焼いてこんがりとしたら裏返し、1 分ほど焼く。たれを加え、強火にして照りが出るまで煮詰めて絡める。器に盛り、2 のコーンを添える。

【材料】 2人分

あじ(3枚おろし)… 3 尾分(240g)
薄力粉…適量
ししとうがらし…6 本
たれ
┊ しょうゆ…大さじ 1 と 1/2
┊ 黒酢…大さじ 1 と 1/2
┊ 砂糖…大さじ 1 と 1/2
サラダ油…大さじ 1/2
白炒りごま…適量

【作り方】

1 あじは半分に切り、薄力粉を薄くまぶす。ししとうがらしは薄い小口切りにする。たれを混ぜておく。

2 フライパンにサラダ油を中火で熱し、あじを入れる。両面をこんがりとするまで 2 分ずつ焼く。

3 フライパンの余分な脂をペーパータオルでふき取り、たれを加えて強火にして照りが出るまで煮詰めて絡める。器に盛り、1 のししとうがらしをのせ、白ごまをふる。

酸味を効かせたたれでさっぱりと。

あじの
黒酢かば焼き

カリッと焼いたベーコンの塩気がアクセント。

大根の梅にんにく照り焼き

【材料】 2人分

大根…8cm
塩…少々
粗挽き黒こしょう
　…少々
ベーコン…4枚

たれ
| 梅肉…15g
| しょうゆ…大さじ1
| 砂糖…大さじ1/2
| おろしにんにく…少々
サラダ油…大さじ1/2
小ねぎの小口切り…適量

【作り方】

1　大根は2cm厚さの輪切りに4枚に切る。厚めに皮をむき、両面の切り口に格子状に切り込みを入れる。耐熱皿にのせて水大さじ1をふり、ふんわりとラップを被せ、600Wの電子レンジで6分加熱する。冷水に取って冷まし、ペーパータオルで水気をふき、塩と粗挽き黒こしょうをふる。たれを混ぜておく。

2　フライパンにベーコンを入れて中火で熱し、出てきた脂をペーパータオルでふき取りながらこんがりとするまで焼き、取り出す。

3　フライパンの余分な脂をペーパータオルでふき取り、サラダ油を中火で熱し、大根を入れる。こんがりとするまで3分ほど焼いたら、裏返してさっと焼く。たれを加え、強火にして照りが出るまで煮詰めて絡める。器に盛り、ベーコンをのせ、小ねぎをふる。

豆腐はしっかり水きりすると、
食感が増します！

豆腐のコチュジャン照り焼き

【材料】 2人分

木綿豆腐…1丁(300g)
塩…少々
片栗粉…適量
たれ
| 酒…大さじ2
| しょうゆ…小さじ1
| コチュジャン…大さじ1
| 砂糖…大さじ1/2

サラダ油…小さじ2
白髪ねぎ…適量
パクチー
　…適量(ざく切りにする)

【作り方】

1　豆腐はペーパータオルに包んで同量程度の重しをのせ、10分ほど水きりする。たれを混ぜておく。

2　厚みを半分、さらに縦半分に切って塩をふり、片栗粉を薄くまぶす。たれを混ぜておく。

3　フライパンにサラダ油を中火で熱し、豆腐を入れる。3分ほど焼いてこんがりとしたら裏返し、1分ほど焼く。

4　たれを加え、照りが出るまで煮詰めて絡める。器に盛り、白髪ねぎとパクチーを添える。

バンバーグッ！

【材料】 2人分

生地
　合い挽き肉…250g
　玉ねぎのみじん切り…1/2 個分(100g)
　パン粉(生)…1/2 カップ
　牛乳…大さじ 2
　溶き卵…1/2 個分
　塩…小さじ 1/4
　こしょう…少々
ソース
　赤ワイン…大さじ 3
　トマトケチャップ…大さじ 3
　中濃ソース…大さじ 1
　バター…10g
サラダ油…大さじ 1
粉ふきいも(93 ページ)…適量

ハンバーグ

こんがり焼いたハンバーグに甘いケチャップソース。
懐かしくて、変わらないおいしさはみんなが大好きな味です。

【作り方】

1 生地を作る

▶準備する

フライパンにサラダ油大さじ 1/2 を中火で熱し、玉ねぎを 3 分ほど炒める。しんなりとしたら、取り出して冷ます。パン粉は牛乳と合わせ、玉ねぎを冷ましている間にふやかす。

 ＊肉の温度が上がると脂が溶けてしまうので、玉ねぎはしっかりと冷ます。また生地を練る際も、手早く行う。

▶練る

ボウルに挽き肉と塩を入れ(**a**)、ひとまとまりになるまで練る(**b**)。残りの生地の材料をすべて加え(**c**)、粘り気が出るまでさらに練る。生地を 2 等分にして軽くまとめ、手に打ちつけるようにして空気を抜く(**d**)。手のひらの上で大きい小判形にし(**e**)、ラップの上で厚さ 1.5 ～ 2cm に整える(**f**)。

＊最初に塩を入れることで粘り気が出やすくなる。粘り気を出すことで生地が割れにくくなり、肉汁を閉じ込める。
＊形を整えた生地は大きいが、焼いているうちに縮んでちょうどよい大きさになる。
＊成形した生地はラップを敷いた上に置くと、取りやすい。

2 焼く

フライパンをペーパータオルでさっとふく。サラダ油大さじ 1/2 を中火で熱し、生地を並べ入れる(**g**)。2 ～ 2 分 30 秒焼き、こんがりと焼き色がついたら裏返し(**h**)、蓋をして弱火で 6 分ほど蒸し焼きにして器に盛る。指で押してみて、弾力があるようであれば焼き上がり(**i**)。ハンバーグを器に盛り、粉ふきいもを添える。フライパンの余分な脂をペーパータオルで再度ふき取り、ソースの材料を入れて混ぜ、中火にかける(**j**)。混ぜながら煮立たせ、ハンバーグにかける。

 ＊表面を焼きかためることで肉汁を閉じ込める。
＊表面がこんがりとするまでしっかりと焼く。
＊竹串チェックは肉汁が出るので NG!
＊蒸し焼き＆時間厳守でしっかりと火を通す。

"ハンバーグの生地"で メンチカツ

ハンバーグの生地さえマスターすれば、
メンチカツもあとは揚げるだけ。
揚げ立てはたまらないおいしさです。
ぜひ作ってみてほしい一品。

【材料】 2 ～ 3 人分

生地

　合い挽き肉…250g

　玉ねぎのみじん切り

　　…1/2 個分(100g)

　パン粉(生)…1/2 カップ

　牛乳…大さじ 2

　溶き卵…1/2 個分

　塩…小さじ 1/4

　こしょう…少々

サラダ油…大さじ 1/2

薄力粉、溶き卵、パン粉、揚げ油、

　キャベツのせん切り、

　練りからし、ウスターソース

　…各適量

【作り方】

1　生地を作る。フライパンにサラダ油を中火で熱し、玉ねぎを 3
　　分ほど炒める。しんなりとしたら、取り出して冷ます。パン粉
　　は牛乳と合わせ、玉ねぎを冷ましている間にふやかす。

2　ボウルに挽き肉と塩を入れ、ひとまとまりになるまで練る。残
　　りの生地の材料をすべて加え、粘り気が出るまでさらに練る。

3　生地を 6 等分にして軽くまとめ、手に打ちつけるようにして空
　　気を抜く。手のひらの上で小判形にし、ラップの上で厚さ 1.5
　　～ 2cmに整える。

4　生地に薄力粉、溶き卵、パン粉の順に衣をつける。

5　鍋に揚げ油を注いで 160℃に熱する。4 を静かに入れ、ときど
　　き返しながら 8 分ほど揚げ、油をきる。

6　器に盛り、キャベツと練りからしを添え、ウスターソースをか
　　ける。

【材料】 作りやすい分量

生地
合い挽き肉…250g
玉ねぎのみじん切り
…1/2 個分(100g)
パン粉(生)…1/2 カップ
牛乳…大さじ 2
溶き卵…1/2 個分
塩…小さじ 1/4
こしょう…少々

ソース
トマトケチャップ…大さじ 3
水…大さじ 2
しょうゆ…大さじ 1
砂糖…大さじ 1/2
はちみつ…小さじ 1
サラダ油…大さじ 1
白炒りごま…適量

【作り方】

1 生地を作る。フライパンにサラダ油大さじ 1/2 を中火で熱し、玉ねぎを 3 分ほど炒める。しんなりとしたら取り出して冷ます。パン粉は牛乳と合わせ、玉ねぎを冷ましている間にふやかす。

2 ボウルに挽き肉と塩を入れ、ひとまとまりになるまで練る。残りの生地の材料をすべて加え、粘り気が出るまでさらに練る。

3 生地を 12 等分にして丸める。

4 フライパンをペーパータオルでさっとふく。サラダ油大さじ 1/2 を中火で熱し、生地を並べ入れる。こんがりと焼き色がつくまで 2 分ほど焼いて裏返し、蓋をして弱火で 5 分ほど蒸し焼きにする。

5 フライパンの余分な脂をペーパータオルでふき取る。ソースの材料を加えて中火にし、照りが出るまで煮詰めて絡め、白ごまをふる。

保存期間：冷ましてから保存容器に入れ、冷蔵庫で約 5 日間保存可能。

"ハンバーグの生地"で ミートボール

子どもも大人も大好きなミートボール。
甘いケチャップソースで、
ご飯も進むお弁当おかずです。
多めに作って冷凍しておいても。

ハンバーグ

ハンバーグは苦手という方でも、
玉ねぎのソースならあっさりといただけるはず。
しっかりと炒めて甘さを引き出すのがポイントです。

【材料】 2人分

生地

- 合い挽き肉…250g
- 玉ねぎのみじん切り
  …1/2 個分(100g)
- パン粉(生)…1/2 カップ
- 牛乳…大さじ 2
- 溶き卵…1/2 個分
- 塩…小さじ 1/4
- こしょう…少々

ソース

- おろし玉ねぎ…1/4 個分
- しょうゆ…大さじ 1 と 1/2
- 酒…大さじ 1 と 1/2
- 酢…大さじ 1
- 砂糖…大さじ 1 と 1/2
- 片栗粉…小さじ 1/4
- なす…大 2 本
- サラダ油…大さじ 1

【作り方】

1 ソースはおろし玉ねぎ以外の材料を混ぜておく。

2 生地を作る。フライパンにサラダ油大さじ 1/2 を中火で熱し、玉ねぎを 3 分ほど炒める。しんなりとしたら取り出して冷ます。パン粉は牛乳と合わせ、玉ねぎを冷ましている間にふやかす。

3 ボウルに挽き肉と塩を入れ、ひとまとまりになるまで練る。残りの生地の材料をすべて加え、粘り気が出るまでさらに練る。

4 生地を 2 等分にして軽くまとめ、手に打ちつけるようにして空気を抜く。手のひらの上で大きい小判形にし、ラップの上で厚さ 1.5 ～ 2cmに整える。

5 フライパンをペーパータオルでさっとふく。サラダ油大さじ 1/2 を中火で熱し、生地を並べ入れる。2 ～ 2 分 30 秒焼き、こんがりと焼き色がしっかりついたら裏返す。蓋をして弱火で 6 分ほど蒸し焼きにして器に盛る。

6 ハンバーグを焼いている間に蒸しなすを作る。なすはヘタを切り落とし、縦 6 等分のくし形切りにする。別のフライパンに皮を上にして広げ入れる。水大さじ 5 をふって蓋をし、中火で 5 分ほど蒸して塩少々(分量外)をふり、取り出す。

7 ハンバーグのフライパンの余分な脂をペーパータオルでふき取る。ソースのおろし玉ねぎを入れて汁気がなくなるまで炒め、残りの材料を加える。煮立たせながら、軽くとろみがついたらハンバーグにかけ、蒸したなすを添える。

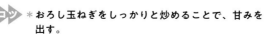 ＊おろし玉ねぎをしっかりと炒めることで、甘みを出す。

和風オニオンビネガーソースハンバーグ

ハンバーグ

【材料】 2人分

生地

- 合い挽き肉…250g
- 玉ねぎのみじん切り
   …1/2 個分(100g)
- パン粉(生)…1/2 カップ
- 牛乳…大さじ 2
- 溶き卵…1/2 個分
- 塩…小さじ 1/4
- こしょう…少々

ソース

- まいたけ…1 パック(100g)
- にんにくのみじん切り…1/2 片分
- 白ワイン…大さじ 2
- 生クリーム…1/2 カップ
- 水…大さじ 2
- しょうゆ…小さじ 1
- 塩…小さじ 1/4

サラダ油…大さじ 1/2
オリーブオイル…大さじ 1
オイルパスタ(94 ページ)…適量
イタリアンパセリの粗みじん切り…適量

生クリームと
しょうゆを合わせた
具だくさんソースで
いただくハンバーグ。
生クリームを使いますが、
ご飯が進む味つけです。
好みのきのこを
たっぷり使ってどうぞ。

【作り方】

1　生地を作る。フライパンにサラダ油を中火で熱し、玉ねぎを 3 分ほど炒める。しんなりとしたら、取り出して冷ます。パン粉は牛乳と合わせ、玉ねぎを冷ましている間にふやかす。

2　ボウルに挽き肉と塩を入れ、ひとまとまりになるまで練る。残りの生地の材料をすべて加え、粘り気が出るまでさらに練る。

3　生地を 2 等分にして軽くまとめ、手に打ちつけるようにして空気を抜く。手のひらの上で大きい小判形にし、ラップの上で厚さ 1.5 ～ 2cmに整える。

4　フライパンをペーパータオルでさっとふく。オリーブオイル大さじ 1/2 を中火で熱し、生地を並べ入れる。2 ～ 2 分 30 秒焼き、こんがりと焼き色がしっかりついたら裏返す。蓋をして弱火で 6 分ほど蒸し焼きにして器に盛る。

5　ソースを作る。まいたけは食べやすい大きさに裂く。フライパンの余分な脂をペーパータオルでふき取り、オリーブオイル大さじ 1/2 とにんにくを入れて中火で熱し、香りが出たらまいたけを加えて炒める。全体に油が回るまで炒め、白ワインをふってひと煮立ちさせる。残りの材料を加えて混ぜ、弱めの中火にし、軽くとろみがつくまで 5 分ほど煮立たせ、ハンバーグにかける。オイルパスタを添え、イタリアンパセリをふる。

 コツ ＊生クリームは煮立っても分離しないので、煮立たせてとろみをつける。

きのこしょうゆクリームソースハンバーグ

ハンバーグ

大根おろしで
さっぱりといただけます。
みょうがのほかに青じそなどの
香味野菜を合わせても。

おろしのっけ 照り焼きハンバーグ

【材料】 2人分

生地

合い挽き肉…250g

玉ねぎのみじん切り
…1/2 個分(100g)

パン粉(生)…1/2 カップ

牛乳…大さじ 2

溶き卵…1/2 個分

塩…小さじ 1/4

こしょう…少々

ソース

酒…大さじ 2

しょうゆ…大さじ 1 と 1/2

砂糖…大さじ 1 と 1/2

片栗粉…小さじ 1/4

おろしにんにく…少々

大根おろし…100g

みょうが…1 個

サラダ油…大さじ 1

マカロニサラダ(94 ページ)…適量

【作り方】

1 大根おろしはザルに上げて水気をきる。みょうがはせん切りにして水にさっとさらし、水気をきる。

2 生地を作る。フライパンにサラダ油大さじ 1/2 を中火で熱し、玉ねぎを 3 分ほど炒める。しんなりとしたら、取り出して冷ます。パン粉は牛乳と合わせ、玉ねぎを冷ましている間にふやかす。

3 ボウルに挽き肉と塩を入れ、ひとまとまりになるまで練る。残りの生地の材料をすべて加え、粘り気が出るまでさらに練る。

4 生地を 2 等分にして軽くまとめ、手に打ちつけるようにして空気を抜く。手のひらの上で大きい小判形にし、ラップの上で厚さ 1.5 ～ 2cmに整える。

5 フライパンをペーパータオルでさっとふく。サラダ油大さじ 1/2 を中火で熱し、生地を並べ入れる。2 ～ 2 分 30 秒焼き、こんがりと焼き色がしっかりついたら裏返す。蓋をして弱火で 6 分ほど蒸し焼きにする。器に盛り、大根おろしとみょうがをのせ、マカロニサラダを添える。

6 フライパンの余分な脂をペーパータオルでふき取る。ソースの材料を入れて混ぜ、中火にかける。混ぜながら軽くとろみがつくまで煮詰め、ハンバーグにかける。

 ＊ソースに片栗粉が入っているので、絶えず混ぜてダマにならないようにする。

チーズインハンバーグ

【材料】2人分

生地

合い挽き肉…250g

玉ねぎのみじん切り
…1/2 個分(100g)

パン粉(生)…1/2 カップ

牛乳…大さじ 2

溶き卵…1/2 個分

塩…小さじ 1/4

こしょう…少々

ソース

赤ワイン…大さじ 3

トマトケチャップ…大さじ 2

中濃ソース…大さじ 2

カレー粉…小さじ 1/4

バター…10g

サラダ油…大さじ 1

スライスチーズ(溶けるタイプ)…2 枚

ベビーリーフ…適量

【作り方】

1 生地を作る。フライパンに
サラダ油大さじ 1/2 を中火
で熱し、玉ねぎを 3 分ほど
炒める。しんなりとしたら、
取り出して冷ます。パン粉
は牛乳と合わせ、玉ねぎを
冷ましている間にふやかす。

2 ボウルに挽き肉と塩を入れ、
ひとまとまりになるまで練
る。残りの生地の材料をす
べて加え、粘り気が出るま
でさらに練る。

トロリと溶ろけたチーズが溢れるハンバーグです。
プロセスチーズを挟んでじっくりと焼くだけ。
ほんのりカレー風味で食欲をそそります。ビールにも、ご飯にも！

3 生地を4等分にして軽くま
とめ、手に打ちつけるように
して空気を抜く。手のひら
の上で小判形にし、ラップ
の上で厚さ1cmほどに整える。

4 スライスチーズを半分、さ
らに3つ折りにする。生地
を2枚1組にしてチーズを
挟み(写真)、フチを指先でし
っかりと閉じ、形を整える。

5 フライパンをペーパータオ
ルでさっとふく。サラダ油
大さじ1/2を中火で熱し、

生地を並べ入れる。2〜2
分30秒焼き、こんがりと
焼き色がしっかりついたら
裏返して2分ほど焼く。水
大さじ5を加え、すぐに蓋
をして弱火で7分ほど蒸し
焼きにして器に盛る。

6 フライパンの余分な脂をペー
パータオルでふき取り、ソー
スの材料を入れて中火にかけ
る。混ぜながら照りが出るま
で煮立たせてハンバーグに
かけ、ベビーリーフを添える。

 ＊2枚の生地にチーズを挟むこ
とでチーズがきちんと中心に
入る。
＊蒸し焼きしてチーズにもしっ
かりと火を通し、よく溶かす。

ハンバーグ

大きく焼いたハンバーグにフレッシュトマトをのせ、
仕上げにチーズを溶かし、
大きく切り分けながらいただきます。

フレッシュトマトのスキレットチーズハンバーグ

【材料】 2人分

生地
- 合い挽き肉…250g
- 玉ねぎのみじん切り
  …1/2 個分(100g)
- パン粉(生)…1/2 カップ
- 牛乳…大さじ 2
- 溶き卵…1/2 個分
- 塩…小さじ 1/4
- こしょう…少々

ソース
- トマトケチャップ…大さじ 3
- 粒マスタード…大さじ 1
- 塩…ひとつまみ
- トマト…1 個(150g)

スライスチーズ…2 枚
サラダ油…大さじ 1/2

【作り方】

1. 生地を作る。フライパンにサラダ油を中火で熱し、玉ねぎを 3 分ほど炒める。しんなりとしたら、取り出して冷ます。パン粉は牛乳と合わせ、玉ねぎを冷ましている間にふやかす。

2. ボウルに挽き肉と塩を入れ、ひとまとまりになるまで練る。残りの生地の材料をすべて加え、粘り気が出るまでさらに練って手で打ちつけるようにして空気を抜く。

3. ソースを作る。トマトはヘタを切り落とし、2cm角に切って残りの材料と混ぜる。

4. 直径 20cmほどのスキレットに 2 の生地を広げ、平たい丸形に整える(a)。中火にかけ、3 分ほど焼いてこんがりとしたら、フライパンの余分な脂をペーパータオルでふき取り、裏返す。3 のソースを上に広げ、蓋をして弱火で 7 分ほど蒸し焼きにする。

5. スライスチーズをのせ(b)、もう一度蓋をしてチーズが溶けるまで 30 秒ほど蒸し焼きにする。

ハンバーグ

トマト煮込みハンバーグ

レシピ・80ページ▶

ホイル包み

デミグラスハンバーグ

レシピ・81 ページ▶

ハンバーグ

トマト煮込みハンバーグ

パプリカと玉ねぎを、
たっぷりの甘酸っぱいトマトソースで煮込みました。
ご飯にのせても、パンと合わせてもおいしいです。

コツ ＊ソースにはちみつを加え
ることでトマトの酸味が
和らぐ。

【材料】 2人分

生地

- 合い挽き肉…250g
- 玉ねぎのみじん切り
  …1/2 個分(100g)
- パン粉(生)…1/2 カップ
- 牛乳…大さじ 2
- 溶き卵…1/2 個分
- 塩…小さじ 1/4
- こしょう…少々

ソース

- ホールトマト缶…1 缶(400g)
- タイム(あれば)…2 ～ 3 本
- 水…1 カップ
- 塩…小さじ 1/2
- はちみつ…大さじ 1/2
- こしょう…少々

玉ねぎ…1/2 個
パプリカ(黄)… 1 個
にんにくのみじん切り…1/2 片分
サラダ油…大さじ 1/2
オリーブオイル…大さじ 1/2
好みのパン…適量

【作り方】

1 玉ねぎは薄切りにし、パプリカはヘタと種を取り除いてひと口
大に切る。

2 生地を作る。フライパンにサラダ油を中火で熱し、玉ねぎを 3
分ほど炒める。しんなりとしたら、取り出して冷ます。パン粉
は牛乳と合わせ、玉ねぎを冷ましている間にふやかす。

3 ボウルに挽き肉と塩を入れ、ひとまとまりになるまで練る。残
りの生地の材料をすべて加え、粘り気が出るまでさらに練る。

4 生地を 6 等分にして軽くまとめ、手に打ちつけるようにして空
気を抜く。手のひらの上で小判形にし、ラップの上で厚さ 1.5
～ 2cmに整える。

5 フライパンをペーパータオルでさっとふく。オリーブオイルを
中火で熱し、生地を並べ入れる。2 ～ 2分 30 秒焼いてこんが
りと焼き色がついたら裏返し、フライパンの端に寄せる。

6 フライパンの空いたところに玉ねぎとにんにくを加え、しんなり
とするまで炒める。

7 ソースの材料を加えて木ベラでトマトを粗くつぶしながら混ぜ、
パプリカも加える。煮立ったら弱めの中火でときどき混ぜなが
ら 20 分ほど煮込む。器に盛り、焼いたパンを添える。

ホイル包み デミグラスハンバーグ

ハンバーグをホイルに包んで焼くと、
さらにやわらかく仕上がります。
おもてなしや特別な夕食にも喜ばれます。

【材料】 2人分

生地
- 合い挽き肉…250g
- 玉ねぎのみじん切り…1/2 個分(100g)
- パン粉(生)…1/2 カップ
- 牛乳…大さじ 2
- 溶き卵…1/2 個分
- 塩…小さじ 1/4
- こしょう…少々

ソース
- デミグラスソース缶…約 1/2 缶(145g)
- トマトケチャップ…大さじ 3
- 赤ワイン…大さじ 1
- ウスターソース…大さじ 1/2
- 塩…小さじ 1/3
- ブロッコリー…1/3 個
- サラダ油…大さじ 1

【作り方】

1 ブロッコリーは小房に分ける。熱湯で 2 分ほど茹で、ザルに上げて水気をきる。ソースの材料を混ぜておく。

2 生地を作る。フライパンにサラダ油大さじ 1/2 を中火で熱し、玉ねぎを 3 分ほど炒める。しんなりとしたら取り出して冷ます。パン粉は牛乳と合わせ、玉ねぎを冷ましている間にふやかす。

3 ボウルに挽き肉と塩を入れ、ひとまとまりになるまで練る。残りの生地の材料をすべて加え、粘り気が出るまでさらに練る。

4 生地を 2 等分にして軽くまとめ、手に打ちつけるようにして空気を抜く。手のひらの上で大きい小判形にし、ラップの上で厚さ 1.5 ～ 2cm に整える。

5 フライパンをペーパータオルでさっとふく。サラダ油大さじ 1/2 を中火で熱し、生地を並べ入れる。2 ～ 2 分 30 秒焼き、こんがりと焼き色がしっかりついたら裏返して 2 分ほど焼いて取り出す。

6 オーブンを 220℃に予熱する。アルミホイルを直径 30cm の正方形に 4 枚切る。2 枚 1 組にし、下になるほうのアルミホイルに焼いたハンバーグ、ブロッコリーをのせ、混ぜたソースをかける(a)。もう 1 枚のアルミホイルをふんわりと被せ、端を折り込むようにして包む(b)。

7 温めたオーブンで 12 分ほど焼く。またはオーブントースターで焼いてもよい。

コツ ＊ホイルがぷっくりと膨れたら、しっかり加熱されているサイン。

ハンバーグ

きのこのデミグラス煮込みハンバーグ

【材料】 2人分

生地
- 合い挽き肉…250g
- 玉ねぎのみじん切り
  …1/2個分(100g)
- パン粉(生)…1/2カップ
- 牛乳…大さじ2
- 溶き卵…1/2個分
- 塩…小さじ1/4
- こしょう…少々

ソース
- デミグラスソース缶…約1/2缶(150g)
- 赤ワイン…1/4カップ
- 水…1カップ
- トマトケチャップ…大さじ1
- ウスターソース…大さじ1/2
- 塩…小さじ1/3
- こしょう…少々
- しめじ…1パック(100g)
- マッシュルーム…4個
- 玉ねぎ…1/2個分(100g)
- パセリの粗みじん切り…適量
- サラダ油…大さじ1

【作り方】

1. しめじは石づきを切り落として小房に分け、マッシュルームは半分に切る。玉ねぎは薄切りにする。

2. 生地を作る。フライパンにサラダ油大さじ1/2を中火で熱し、玉ねぎを3分ほど炒める。しんなりとしたら、取り出して冷ます。パン粉は牛乳と合わせ、玉ねぎを冷ましている間にふやかす。

3. ボウルに挽き肉と塩を入れ、ひとまとまりになるまで練る。残りの生地の材料をすべて加え、粘り気が出るまでさらに練る。

4. 生地を4等分にして軽くまとめ、手に打ちつけるようにして空気を抜く。手のひらの上で小判形にし、ラップの上で厚さ1.5〜2cmに整える。

5. フライパンをペーパータオルでさっとふく。サラダ油大さじ1/2を中火で熱し、生地を並べ入れる。2〜3分焼き、こんがりと焼き色がついたら裏返してフライパンの端に寄せる。空いているところに薄切りにした玉ねぎを加え、しんなりとするまで炒める(a)。

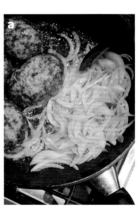

6. しめじ、マッシュルーム、ソースの材料を加えて混ぜ(b)、弱めの中火でときどき混ぜながら15分ほど煮込む。器に盛り、パセリをふる。

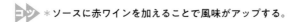
⊳ コツ ＊ソースに赤ワインを加えることで風味がアップする。

寒い夜のご飯は煮込みハンバーグ！
きのこをたっぷりデミグラスソースに加え、
ワインと一緒に楽しめる一品に。

ハンバーグ

ダイナー風
ベーコンエッグ
ビーフハンバーグ

牛挽き肉を使ったアメリカンハンバーグは
牛の切り落とし肉と牛脂を刻んで混ぜ込みます。
ほどよい肉感が残り、目玉焼きをのせると絶品です。

【材料】 2人分

生地	ソース
牛挽き肉…200g	ウスターソース…大さじ3
牛切り落とし肉…100g	トマトケチャップ…大さじ1
牛脂…20g	バター…10g
玉ねぎのみじん切り	ベーコン…4枚
…1/2個分(100g)	卵…2個
溶き卵…1/2個分	カリカリポテト(93ページ)…適量
塩…小さじ1/3	サラダ油…大さじ1/2
こしょう…少々	

【作り方】

1　生地を作る。牛肉は刻んでからたたいて細かくし(**a**)、牛脂も細かく刻む(**b**)。

2　ボウルに挽き肉、**1**、塩を入れ、ひとまとまりになるまで練る。残りの生地の材料をすべて加え、粘り気が出るまでさらに練る。

3　生地を2等分にして軽くまとめ、手に打ちつけるようにして空気を抜く。手のひらの上で平たく大きな丸形にし、ラップの上で厚さ1.5～2cmに整え(**c**)、冷蔵庫で30分以上冷やす。

4　フライパンにベーコンを入れて中火にかけ、こんがりと焼く。同じフライパンに卵を割り入れ、半熟状の目玉焼きに焼いてともに取り出す。

5　フライパンの余分な脂をペーパータオルでふき取り、サラダ油を中火で熱し、生地を並べ入れる。2～2分30秒焼き、こんがりと焼き色がしっかりついたら裏返す。蓋をして弱火で6分ほど蒸し焼きにして器に盛る。

6　フライパンの余分な脂をペーパータオルでふき取り、ソースの材料を入れて中火にかける。混ぜながら煮立たせてハンバーグにかけ、ベーコン、目玉焼き、カリカリポテトを添える。

コツ
＊玉ねぎは食感を残したいので、炒めない。
＊牛脂は溶けやすいので、生地は冷蔵庫でしっかり冷やしてから焼く。
＊牛切り落とし肉と牛脂は同量の牛挽き肉で代用してもよい。

バンズに挟んでも
バンズは半分に切り、内側になる面にバターを塗ってオーブントースターで焼く。バンズにレタス、トマトとピクルスのスライス、ハンバーグを重ね、トマトケチャップとマスタードをかける。

ハンバーグ

【材料】 2人分

生地

  牛挽き肉…250g

  玉ねぎのみじん切り
    …1/2 個分 (100g)

  パン粉(生)…1/2 カップ

  牛乳…大さじ 2

  溶き卵…1/2 個分

  塩…小さじ 1/4

  こしょう…少々

ソース

  ドライプルーン(種抜き)…2 個

  バルサミコ酢…大さじ 3

  はちみつ…大さじ 2

  しょうゆ…大さじ 1 と 1/2

  塩…小さじ 1/4

  おろしにんにく…1/4 片分

鶏レバー…150g

塩…少々

こしょう…少々

薄力粉…適量

サラダ油…大さじ 1 と 1/2

マッシュポテト (92 ページ)…適量

【作り方】

1 鶏レバーは冷水に浸して血抜きをし、筋や脂を取り除いて洗う。2 ~ 3cm に刻んでペーパータオルで水気をふき取る。塩とこしょうをふり、薄力粉をまぶす。プルーンは 4 等分に切る。ソースの材料を混ぜておく。

2 生地を作る。フライパンにサラダ油大さじ 1/2 を中火で熱し、玉ねぎを 3 分ほど炒める。しんなりとしたら取り出して冷ます。パン粉は牛乳と合わせ、玉ねぎを冷ましている間にふやかす。

3 ボウルに挽き肉と塩を入れ、ひとまとまりになるまで練る。残りの生地の材料をすべて加え、粘り気が出るまでさらに練る。

4 生地を 2 等分にして軽くまとめ、手に打ちつけるようにして空気を抜く。手のひらの上で大きい小判形にし、ラップの上で厚さ 1.5 ~ 2cm に整える。

5 フライパンをペーパータオルでさっとふく。サラダ油大さじ 1/2 を中火で熱し、生地を並べ入れる。2 ~ 2 分 30 秒焼き、こんがりと焼き色がしっかりついたら裏返す。蓋をして弱火で 6 分ほど蒸し焼きにして器に盛る。

6 フライパンの余分な脂をペーパータオルでふき取り、サラダ油大さじ 1/2 を中火で熱し、鶏レバーを炒める。こんがりとしたらソースの材料を加え、照りが出るまで混ぜながら煮詰める。

7 ハンバーグにマッシュポテトを添えて、**6** のソースをかける。

コツ ＊ **レバーは下処理をきちんとすることで、クセが和らぐ。**

鶏レバーとプルーンのバルサミコビーフハンバーグ

濃厚なレバーを使ったバルサミコソースに
牛挽き肉のジューシーハンバーグです。
あとを引くおいしさでマッシュポテトとも相性バツグン。

ハンバーグ

コチュジャン
ポークハンバーグ

ご飯と混ぜながらいただきたい、
甘辛韓国風ハンバーグです。

【材料】 2人分

生地
　豚挽き肉…250g
　玉ねぎのみじん切り…1/2個分(100g)
　パン粉(生)…1/2 カップ
　牛乳…大さじ2
　溶き卵…1/2 個分
　塩…小さじ1/4
　こしょう…少々

ソース
　コチュジャン…大さじ1と1/2
　酒、砂糖…各大さじ1
　しょうゆ、ごま油、酢
　　…各大さじ1/2
　おろしにんにく…少々

サラダ油…大さじ1

卵黄…2個

白炒りごま、小ねぎの小口切り、
　糸唐辛子、温かいご飯・
　キムチ(あれば)…各適量

【作り方】

1　生地を作る。フライパンにサラダ油大さじ1/2を中火で熱し、玉ねぎを3分ほど炒める。しんなりとしたら、取り出して冷ます。パン粉は牛乳と合わせ、玉ねぎを冷ましている間にふやかす。

2　ボウルに挽き肉と塩を入れ、ひとまとまりになるまで練る。残りの生地の材料をすべて加え、粘り気が出るまでさらに練る。

3　生地2等分にして軽くまとめ、手に打ちつけるようにして空気を抜く。手のひらの上で大きい小判形にし、ラップの上で厚さ1.5〜2cmに整える。

4　フライパンをペーパータオルでさっとふく。サラダ油大さじ1/2を中火で熱し、生地を並べ入れる。2〜2分30秒焼き、こんがりと焼き色がしっかりついたら裏返す。蓋をして弱火で6分ほど蒸し焼きにして器に盛る。

5　フライパンの余分な脂をペーパータオルでふき取り、ソースの材料を入れて中火にかける。混ぜながら照りが出るまで煮立たせ、ハンバーグにかける。

6　卵黄をのせ、白ごま、小ねぎをふり、糸唐辛子をのせる。あればご飯やキムチを添えても。

ごぼうの甘味噌
ポークハンバーグ

シャキシャキしたごぼうの食感がたまらない！
お弁当のおかずにも合う甘味噌味で。

【材料】2人分

生地
- 豚挽き肉…250g
- ごぼう…1/2 本(80g)
- 玉ねぎのみじん切り…1/2個分(100g)
- パン粉(生)…1/2 カップ
- 牛乳…大さじ 2
- 溶き卵…1/2 個分
- 塩…小さじ 1/4
- こしょう…少々

ソース
- 味噌…大さじ 1 と 1/2
- みりん…大さじ 1 と 1/2
- ほうれん草…小 1 束(150g)
- バター…20g
- サラダ油…大さじ 1

＊ごぼうのささがきはできるだけ薄く。難しい場合はピーラーを使っても。

【作り方】

1 生地を作る。ごぼうはささがきにしてさっと水にさらし、ペーパータオルで水気をおさえる。フライパンにサラダ油大さじ1/2 を中火で熱し、玉ねぎを 3 分ほど炒める。しんなりとしたら、取り出して冷ます。パン粉は牛乳と合わせ、玉ねぎを冷ましている間にふやかす。

2 ボウルに挽き肉と塩を入れ、ひとまとまりになるまで練る。残りの生地の材料をすべて加え、粘り気が出るまでさらに練る。

3 生地を 2 等分にして軽くまとめ、手に打ちつけるようにして空気を抜く。手のひらの上で大きい小判形にし、ラップの上で厚さ 1.5 ～ 2cmに整える。

4 フライパンをペーパータオルでさっとふく。サラダ油大さじ1/2 を中火で熱し、生地を並べ入れる。2 ～ 2 分 30 秒焼き、こんがりと焼き色がしっかりついたら裏返す。蓋をして弱火で6 分ほど蒸し焼きにして器に盛る。

5 ほうれん草は 5cm幅に切る。別のフライパンにバター 10g を中火で熱し、ほうれん草をしんなりとするまで炒め、塩とこしょう各少々(分量外)で味を調え、4 のハンバーグに添える。

6 フライパンをペーパータオルでふき取り、ソースの材料とバター 10g を入れ、中火にかける。混ぜながら照りが出るまで煮立たせ、ハンバーグにかける。さらにバター(適宜)をのせる。

鶏挽き肉で作るハンバーグは
お弁当にもおつまみにもぴったりです。

**甘酢和風
チキンハンバーグ**

【材料】 2人分

生地
> 鶏挽き肉…250g
> 玉ねぎのみじん切り…1/2個分(100g)
> パン粉(生)…1/2カップ
> 牛乳…大さじ1
> 溶き卵…1/2個分
> 塩…小さじ1/4
> こしょう…少々

ソース
> しょうゆ…大さじ1と1/2
> 酒…大さじ1と1/2
> 酢…大さじ2
> 砂糖…大さじ1と1/2
> 片栗粉…小さじ1/4

サラダ油…大さじ1
マヨネーズ、一味唐辛子
> 青じそのせん切り、
> オニスラサラダ(95ページ)
> …各適量

【作り方】

1 生地を作る。フライパンにサラダ油大さじ1/2を中火で熱し、玉ねぎを3分ほど炒める。しんなりとしたら、取り出して冷ます。パン粉は牛乳と合わせ、玉ねぎを冷ましている間にふやかす。

2 ボウルに挽き肉と塩を入れ、ひとまとまりになるまで練る。残りの生地の材料をすべて加え、粘り気が出るまでさらに練る。

3 生地を6等分にして軽くまとめ、手に打ちつけるようにして空気を抜く。手のひらの上で平たい丸形にし、ラップの上で厚さ1.5～2cmに整える。

4 フライパンをペーパータオルでさっとふく。サラダ油大さじ1/2を中火で熱し、生地を並べ入れる。2～2分30秒焼き、こんがりと焼き色がしっかりついたら裏返す。蓋をして弱火で6分ほど蒸し焼きにして器に盛る。

5 フライパンの余分な脂をペーパータオルでふき取り、ソースの材料を入れて中火にかける。混ぜながら煮立たせ、とろみがついたらハンバーグにかける。マヨネーズを絞って一味唐辛子をふり、オニスラサラダと青じそを添える。

コツ ＊鶏挽き肉はジューシーに仕上げるため、鶏ももの挽き肉を使うのがおすすめ。

ひじき

豆腐とひじきを混ぜた生地にあんかけソース。
あっさり仕上げたハンバーグはダイエット中にも！

豆腐ハンバーグ

【材料】 2人分

生地

鶏挽き肉…200g
木綿豆腐…1/2丁(150g)
芽ひじき…2g
パン粉(生)…1/2カップ
溶き卵…1/2個分
塩…小さじ1/3
こしょう…少々

ソース

だし汁…3/4カップ
みりん…大さじ1と1/2
しょうゆ…小さじ1
塩…ひとつまみ
片栗粉…小さじ2

サラダ油…大さじ1/2
おろししょうが…適量

【作り方】

1 生地を作る。豆腐はペーパータオルに包んで同量程度の重しを
のせ、20分ほど水きりする。ひじきは水で戻して水気をしっ
かりきる。

2 生地を作る。ボウルに挽き肉と塩を入れ、ひとまとまりになる
まで練る。残りの生地の材料をすべて加え、粘り気が出るまで
さらに練る。

3 生地を2等分にして軽くまとめ、手に打ちつけるようにして空
気を抜く。手の平の上で大きい小判形にし、ラップの上で厚さ
1.5〜2cmに整える。

4 フライパンにサラダ油を中火で熱し、生地を並べ入れる。2〜
2分30秒焼き、こんがりと焼き色がしっかりついたら裏返す。
蓋をして弱火で6分ほど蒸し焼きにして器に盛る。

5 フライパンの余分な脂をペーパータオルでふき取り、ソースの
材料を入れて中火にかける。混ぜながら煮立たせ、とろみがつ
いたらハンバーグにかけ、しょうがをのせる。

コツ ＊仕上げのおろししょうがは大根おろしやさらし
ねぎにしても。

添えたらおいしいサイドメニュー!!

人気の3大メニュー、
から揚げっ、照り焼きっ、
ハンバーグッに合う副菜を
紹介します。
普段の副菜にも使える
簡単レシピです。

【材料】 2人分

じゃがいも…2個(300g)
バター…30g
A
　おろし玉ねぎ…1/8個分(25g)
　おろしにんにく…少々
　牛乳…大さじ3〜4
　塩…小さじ1/2
　こしょう…少々
粗挽き黒こしょう…少々

【作り方】

1　じゃがいもはよく洗い、水気がついたまま皮ごとひとつずつラップで包む。600Wの電子レンジで3分加熱し、裏返してさらに2分30秒ほど加熱する。

2　熱いうちに皮をむいてボウルに入れてバターを加え、バターを溶かしながらよくつぶす。

3　Aを加えて混ぜる。器に盛り、粗挽き黒こしょうをふる。

玉ねぎとにんにくの風味が香ります。

マッシュポテト

口直しにももってこい！
シンプルじゃがいもレシピです。

粉ふきいも

【材料】 2人分

じゃがいも…2個(300g)

塩…小さじ 1/3

【作り方】

1 じゃがいもは皮をむいて8等分に切る。

2 鍋にじゃがいもを入れ、被る程度の水を注ぎ、塩を加えて中火にかける。煮立ったら弱めの中火にして、じゃがいもに竹串がスーッと通るまで8分ほど茹でる。

3 ザルに上げて湯をきり、もう一度鍋に戻す。中火にかけて鍋を揺すりながら水分を飛ばし、粉をふかせる。

【材料】 2人分

じゃがいも…2個(300g)

オリーブオイル…大さじ1

塩…ひとつまみ

【作り方】

1 じゃがいもはよく洗って水気をふき取り、皮つきのまま1個を12等分の小さめのひと口大に切る。

2 フライパンにじゃがいもと水大さじ5を入れて蓋をし、中火にかける。竹串がスーッと通るまで6分ほど蒸し焼きにする。

3 余分な水分を飛ばし、オリーブオイルを加える。表面がこんがりとするまで転がしながら焼き、塩をふる。

そのままでもおいしい！　おやつにも！

カリカリポテト

添えれば、本格的な洋食スタイルに。
お弁当にもおすすめです。

オイルパスタ

【材料】 2人分

スパゲッティ…80g
にんにくのみじん切り…1片分
オリーブオイル…大さじ1
茹で汁…大さじ4
塩…適量

【作り方】

1 スパゲッティは塩適量(湯1ℓに対して塩小さじ2弱)を入れたたっぷりの湯で表示時間より1分ほど短めに茹でる。

2 フライパンににんにくとオリーブオイルを入れて中火で熱する。香りが出て、にんにくがきつね色に色づいたら、湯をきったスパゲッティ、茹で汁、塩ひとつまみを加えて手早く絡める。

【材料】 2人分

マカロニ…80g
きゅうり…1/2本(50g)
玉ねぎ…1/8個(25g)
オリーブオイル…小さじ1
塩…適量
A
├ マヨネーズ…大さじ4
├ 酢…小さじ1
├ 塩…小さじ1/4
└ こしょう…少々

【作り方】

1 マカロニは塩適量(湯1ℓに対して塩小さじ2弱)を入れたたっぷりの湯で表示時間通りに茹でる。湯をきり、ボウルに入れてオリーブオイルを絡めて冷ます。

2 きゅうりは薄い小口切りにし、塩少々をふってさっと混ぜる。5分ほど置いて水気をしっかり絞る。玉ねぎは横半分に切って縦薄切りにして水にさらし、ペーパータオルで水気をおさえる。

3 **1**にA、**2**のきゅうりと玉ねぎも加えて和える。

好みでハムや茹で卵を加えても!

マカロニサラダ

お肉のサイドにぴったりな
シンプルオニオンスライスです。

オニスラサラダ

【材料】 2人分
玉ねぎ…1/2 個
青じそのせん切り…適量
ポン酢しょうゆ…適量

【作り方】

1 玉ねぎは繊維を断つように横に薄切りにする。

2 たっぷりの水にさらして軽くもむようにして洗い、水を替える。
これを数回繰り返し、水に塩ひとつまみ（分量外）を入れて 10 分
以上（好みの辛さに調整）さらし、しっかりと水気をきる。

3 器に盛って青じそをのせ、ポン酢しょうゆをかける。

【材料】 2人分
紫キャベツ…1/4 個 (250g)
塩…小さじ 1/4
A
‖ オリーブオイル…大さじ 2
‖ レモン果汁…大さじ 1/2
‖ クミンシード…小さじ 1/4
‖ 塩…小さじ 1/4

【作り方】

1 紫キャベツは短めのせん切りにする。塩をふってさっと混ぜ、
10 分ほど置いて水気をしっかり絞る。

2 ボウルに A を混ぜ、紫キャベツを加えて和える。

クミンシードが味の決め手！
緑のキャベツで作っても
おいしいです。

紫キャベツの
マリネ

市瀬悦子

大学卒業後、食品メーカーの営業から料理の世界へ飛び込む。『おいしくて、作りやすい家庭料理』にこだわる料理研究家として書籍、雑誌、テレビ、イベントで活躍中。「お肉大好き！ガッツリ系やめられない！」と家庭で愛されるレシピを提案。『目で見てわかる！「材料入れて煮るだけ」レシピ』(主婦と生活社)、『こんがり偏愛レシピ　焼き目がごちそう！香ばしさが調味料 !!』(グラフィック社)など著書多数。
http://www.e-ichise.com

撮影	木村 拓(東京料理写真)
スタイリング	久保百合子
デザイン	茂木隆行
編集	小池洋子(グラフィック社)

2021 年 1 月 25 日　初版第 1 刷発行

著　者　　市瀬悦子
発行者　　長瀬 聡
発行所　　株式会社グラフィック社
　　　　　〒 102 - 0073
　　　　　東京都千代田区九段北 1 - 14 - 17
　　　　　tel.03 - 3263 - 4318(代表)　03 - 3263 - 4579(編集)
　　　　　郵便振替　00130 - 6 - 114345
　　　　　http://www.graphicsha.co.jp

印刷・製本　図書印刷株式会社

み～んな大好き。元気おかず。
から揚げっ！
照り焼きっ！
ハンバーグッ！